PFANNKUCHEN

Fein gefüllt und schnell gerollt

Autorin: Christa Schmedes | Fotos: Anke Schütz

DIE GU-QUALITÄTS-GARANTIE

Wir möchten Ihnen mit den Informationen und Anregungen in diesem Buch das Leben erleichtern und Sie inspirieren, Neues auszuprobieren. Bei jedem unserer Bücher achten wir auf Aktualität und stellen höchste Ansprüche an Inhalt, Optik und Ausstattung. Alle Rezepte und Informationen werden von unseren Autoren gewissenhaft erstellt und von unseren Redakteuren sorgfältig ausgewählt und mehrfach geprüft. Deshalb bieten wir Ihnen eine 100 %ige Qualitätsgarantie.

Darauf können Sie sich verlassen:
Wir legen Wert darauf, dass unsere Kochbücher zuverlässig und inspirierend zugleich sind. Wir garantieren:
• dreifach getestete Rezepte
• sicheres Gelingen durch Schritt-für-Schritt-Anleitungen und viele nützliche Tipps
• eine authentische Rezept-Fotografie

Wir möchten für Sie immer besser werden:
Sollten wir mit diesem Buch Ihre Erwartungen nicht erfüllen, lassen Sie es uns bitte wissen! Wir tauschen Ihr Buch jederzeit gegen ein gleichwertiges zum gleichen oder ähnlichen Thema um. Nehmen Sie einfach Kontakt zu unserem Leserservice auf. Die Kontaktdaten unseres Leserservice finden Sie am Ende dieses Buches.

GRÄFE UND UNZER VERLAG
Der erste Ratgeberverlag – seit 1722.

KV

INHALT

TIPPS UND EXTRAS

Umschlagklappe vorne:
Was Pfannkuchenbäcker brauchen

Umschlagklappe hinten:
Herzhafte und süße Extras
Best of – aus Pfannkuchenresten

8 SÜSSES ZUM SATTESSEN

COVER-REZEPT

28 HERZHAFTES ZUM SATTESSEN

48 NACHTISCH

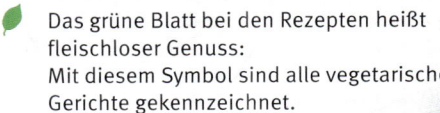 Das grüne Blatt bei den Rezepten heißt fleischloser Genuss:
Mit diesem Symbol sind alle vegetarischen Gerichte gekennzeichnet.

GRUNDZUTATEN

Pfannkuchen sind einfach und schnell gebacken und es braucht dafür nur wenige Grundzutaten. Mit ein paar Extras kreieren Sie immer wieder neue Varianten.

DIE BASICS
Weizenmehl (Type 405), Salz, Milch (3,5 % Fett), frische Eier (Größe M), eine beschichtete Pfanne und Fett zum Ausbacken, fertig! Einfacher geht's wirklich nicht! Für einen lockeren Teig ersetzen Sie die Hälfte oder ein Drittel der Milch durch kohlensäurehaltiges Mineralwasser. Sie können das Grundrezept auch anstatt mit 4 Eiern nur mit 2 Eiern und 50 ml mehr Milch oder Mineralwasser zubereiten. Etwas zerlassene Butter macht den Teig zart und geschmeidig. Ganz wichtig ist es, dem Teig etwas Ruhe zu gönnen, damit der Kleber im Mehl aufquellen kann. 20–30 Min. Ruhezeit sind ideal für die meisten Teige. Und keine Panik, wenn der erste Pfannkuchen beim Ausbacken nicht so perfekt wird, das passiert immer mal wieder. Der zweite gelingt ganz bestimmt.

EXOTISCHE VARIATIONEN
Ersetzen Sie die Hälfte der Milch durch Kokosmilch und rühren Sie außerdem 1 TL abgeriebene

Bio-Limetten- oder Orangenschale für ein feines Aroma unter. Sie können auch ein Drittel des Mehls durch Kokos- oder Reismehl ersetzen. Oder Sie rühren zusätzlich 1 EL Kokosraspel unter den Teig.

GEWÜRZE & AROMEN
Gewürzliebhaber können den Pfannkuchenteig mit gemahlenen Gewürzen verfeinern. Je nach Rezept 1 kräftige Prise Chilipulver, Currypulver, Cayennepfeffer, Ingwerpulver, frisch geriebene Muskatnuss oder auch Gewürzmischungen Ihrer

Wahl unter den Teig rühren. Hier können Sie experimentieren. Wie wäre es zur Abwechslung mal mit etwas Farbe auf dem Teller? Für grüne Pfannkuchen 100 g pürierten Spinat, für rote 1 EL Tomatenmark und für gelbe ½ TL gemahlene Kurkuma unter den Pfannkuchenteig rühren. Süße Pfannkuchen können Sie mit Bourbon-Vanillezucker, Zimtpulver, 1 Prise gemahlener Tonkabohne oder etwas abgeriebener Bio-Zitronenschale verfeinern. Schokoliebhaber mischen 2 TL Kakaopulver oder auch 2–3 EL Schokoraspel unter den Pfannkuchenteig.

SPEZIELLE ZUTATEN

Sie mögen oder vertragen eine der Grundzutaten nicht? Keine Sorge, Sie müssen nicht auf den Genuss von Pfannkuchen verzichten. Es gibt tolle Alternativen!

GLUTENFREI – KEIN PROBLEM

Glutenfreie Pfannkuchen kann man mit Reismehl, Lupinenmehl, Buchweizenmehl, Kastanienmehl, Kokosmehl oder Maismehl backen. Es gibt auch glutenfreie Mehlmischungen im Reformhaus oder gut sortierten Supermarkt.

REZEPTIDEE

100 g Buchweizenmehl mit 50 g Reismehl und 1 Prise Salz mischen. Mit 100 ml Milch und 100 ml kohlensäurehaltigem Mineralwasser glatt rühren. 3 Eier unterrühren. Den Teig ca. 30 Min. ruhen lassen. Die Pfannkuchen mit etwas Öl oder Butter ausbacken.

LAKTOSEFREI – UNENDLICHE MÖGLICHKEITEN

Inzwischen gibt es ein großes Angebot an laktosefreien »Milch«produkten wie Sojadrink, Mandeldrink, Reisdrink oder – schon lange zu bekommen – Kokosmilch. Bei laktosefreien Fetten können Sie zwischen Pflanzenmargarine, Kokosöl oder neutralem Öl wählen.

REZEPTIDEE

100 g Mehl mit 50 g Sojamehl und 1 Prise Salz mischen und mit 200 ml Sojadrink glatt rühren. 3 Eier einzeln unterrühren. Den Teig ca. 30 Min. ruhen lassen. Die Pfannkuchen mit etwas Öl ausbacken.

VEGANER GENUSS

Für vegane Pfannkuchen können Sie die Eier durch Nussmus (Mandel- oder Haselnussmus) aus dem Bioladen und die Milch durch Mandeldrink oder Kokosmilch ersetzen.

REZEPTIDEE

200 g Dinkelmehl (Type 603) mit 1 Prise Salz in einer Schüssel mischen. In einer zweiten Schüssel 2 EL helles Mandelmus (Bioladen) mit 100 ml Wasser verrühren. Mit 200 ml Mandeldrink und 1 kräftigen Prise Zimtpulver zum Mehl geben, alles glatt rühren. Den Teig ca. 30 Min. ruhen lassen. Nach Belieben noch 2 EL geröstete Mandelblättchen und 1 TL Vanillezucker unter den Teig rühren. Die veganen Pfannkuchen mit etwas Öl ausbacken.

PFANNKUCHEN – EINER FÜR ALLE FÄLLE

150 g Weizenmehl (Type 405) | Salz | 250 ml Milch (3,5 % Fett) | 4 Eier (M) | Fett zum Backen
Für 8 Pfannkuchen | 30 Min. Zubereitung | 30 Min. Quellen |
Pro Stück ca. 135 kcal, 6 g EW, 5 g F, 15 g KH

1 Das Mehl mit 1 Prise Salz in eine Schüssel geben. Die Milch nach und nach dazugießen und mit dem Schneebesen unterrühren, bis der Teig glatt ist.

2 Die Eier aufschlagen. Jedes Ei einzeln zum Teig geben und mit dem Schneebesen unterrühren, bis der Teig schön glatt und dickflüssig ist.

3 Den Teig zugedeckt ca. 30 Min. quellen lassen. Etwas Fett (z. B. Öl, Butter oder Butterschmalz) in einer beschichteten Pfanne (ca. 24 cm ∅) erhitzen.

4 Den Teig durchrühren. Mit einer kleinen Schöpfkelle etwas Teig in die Pfanne gießen und durch Hin- und Herdrehen der Pfanne gleichmäßig verteilen.

5 Den Pfannkuchen bei mittlerer Hitze backen, bis er leicht bräunt und sich gut vom Boden löst. Mit einer Palette wenden und auf der zweiten Seite fertig backen.

TIPP

Da es ja immer etwas dauert, bis alle Pfannkuchen fertig gebacken sind, stellt man sie am besten bis zum Servieren im Backofen bei 80° warm. Den Backofen dafür nur kurz zuvor vorheizen!

VERWANDTE AUS ALLER WELT

Wer kennt es nicht: das Märchen vom dicken, fetten Pfannkuchen? So dick und fett sind sie meist nicht, aber es gibt Variationen aus vielen Ländern.

CRÊPES

Crêpes sind die zarten französischen Cousinen des Pfannkuchens, der Teig ist dünner und sie werden bei starker Hitze – am besten in einer Crêpepfanne – gebacken. Die Franzosen bereiten sie auch gerne mit Cidre anstelle von Milch und Mineralwasser zu.

GALETTES

Sie werden traditionell mit Buchweizenmehl gebacken, meist herzhaft gefüllt und in Frankreich zu jeder Tageszeit gegessen.

PALATSCHINKEN

So heißen sie in Österreich. Weltberühmt sind Topfenpalatschinken: Pfannkuchen, gefüllt mit Quarkcreme und überbacken mit Eiersahne.

CRESPELLE

Die Italiener werden oft mit Vollkorn-Weizenmehl zubereitet. Der Klassiker: Crespelle mit Spinat.

PANCAKES

Diese Frühstücksküchlein kommen aus den USA und ihr Teig wird gern mit Buttermilch angerührt. Damit sie schön aufgehen, kommt Backpulver oder Natron dazu. Der Klassiker: Pancakes mit Frischkäse und Ahornsirup oder Marmelade.

BLINI

Die russischen Küchlein werden mit Hefe zubereitet. Sie lassen sich gut vorbereiten. Für den typisch säuerlichen Blini-Geschmack stellt man den Teig zugedeckt über Nacht in den Kühlschrank. Blini schmecken immer: zum Frühstück, als Vorspeise oder zwischendurch. Man kann sie gut einfrieren und bei 100° im Backofen ca. 10 Min. aufbacken.

TORTILLA & FRITTATA

Die Tortilla ist ein herzhaftes Omelett aus Spanien, das warm und kalt schmeckt. Sie wird mit Kartoffeln, Gemüse, Wurst und Käse zubereitet. Die Frittata ist Italiens Antwort auf die spanische Tortilla.

SCHAUMOMELETTS

Sie sind luftig und zart und bestehen fast nur aus Eiern, ganz wenig Mehl und Eischnee, der kurz vor dem Backen unter den Teig gehoben wird.

SÜSSES ZUM SATTESSEN

Hier werden süße Pfannkuchenträume wahr! Unkomplizierte Rezepte für jeden Tag, für die große Runde und für liebe Gäste. Fluffiges mit Früchten, knuffige Pancakes, zarte Crêpes und Crespelle sowie heiß geliebte Klassiker wie Topfenpalatschinken oder Kaiserschmarrn – hier finden Sie, was Ihr (süßes) Herz begehrt.

PFANNKUCHEN SATT MIT DREI EXTRAS

Heute gibt es was für die ganze Familie. Fluffige Flachmänner für kleine und große Leckermäuler. Mit einem, zwei oder drei köstlichen Toppings!

Für den Teig:
40 g Butter
200 g Mehl
Salz
250 ml Milch
4 Eier
Fett zum Backen
Für die Avocadocreme:
2 reife Avocados
1 EL Limettensaft
300 g Doppelrahmfrischkäse
50 g Puderzucker
50 g Sahne
1 EL Pistazienkerne
Für das Erdbeermus:
300 g Erdbeeren
1 EL Himbeersirup
100 g Gelierzucker 3:1
Für das Apfelkompott:
2 EL Rohrzucker
750 g Äpfel (z. B. Topaz)

Garantiert für jeden etwas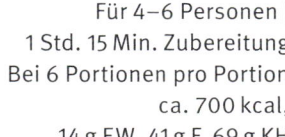

Für 4–6 Personen |
1 Std. 15 Min. Zubereitung
Bei 6 Portionen pro Portion
ca. 700 kcal,
14 g EW, 41 g F, 69 g KH

1 Für den Teig die Butter in einem kleinen Topf zerlassen. Das Mehl mit 1 Prise Salz und der Milch mit dem Schneebesen glatt rühren. Eier und zerlassene Butter unterrühren und den Teig zugedeckt ca. 30 Min. ruhen lassen.

2 Inzwischen für die Avocadocreme die Avocados halbieren und die Kerne entfernen. Avocadofruchtfleisch herauslösen, grob würfeln und mit Limettensaft, Frischkäse, Puderzucker und Sahne im Mixer oder mit dem Pürierstab pürieren. Die Pistazien grob hacken und unter die Creme heben. Zugedeckt kühl stellen.

3 Für das Erdbeermus die Erdbeeren putzen, waschen, grob zerkleinern und mit dem Himbeersirup fein pürieren. Das Erdbeerpüree mit dem Gelierzucker mischen, aufkochen und 4–5 Min. kochen lassen. Noch heiß in Gläser oder eine Schüssel füllen.

4 Für das Apfelkompott 200 ml Wasser mit dem Rohrzucker in einen Topf geben, aufkochen und leise köcheln lassen. Die Äpfel schälen, vierteln und die Kerngehäuse entfernen. Die Viertel in schmale Spalten schneiden und in den Topf geben. Kurz aufkochen und ca. 5 Min. köcheln lassen.

5 Den Teig durchrühren. Etwas Fett in einer beschichteten Pfanne erhitzen. Eine kleine Kelle Teig hineingeben und durch leichtes Drehen der Pfanne gleichmäßig verteilen. So nacheinander 12 goldbraune Pfannkuchen backen. Fertige Pfannkuchen im Backofen bei 80° warm halten. Die Pfannkuchen mit Avocadocreme, Erdbeermus und Apfelkompott servieren.

PFANNKUCHEN MIT PFLAUMENMUS

150 g Mehl | Salz | 200 ml Milch | 4 Eier |
200 g Pflaumenmus | 2 EL Pflaumenlikör (er-
satzweise 2 EL roter Fruchtsaft) | 150 g Sahne |
1 EL Puderzucker | 100 g Schmand | ½ TL Zimt-
pulver | 2 EL Zucker | Fett zum Backen

Herb-fruchtiger Genuss

Für 4 Personen | 45 Min. Zubereitung
Pro Portion ca. 520 kcal, 14 g EW, 27 g F, 54 g KH

1 Das Mehl mit 1 Prise Salz in einer Schüssel mischen. Die Milch unter Rühren dazugießen und die
Mischung mit dem Schneebesen glatt rühren. Die
Eier einzeln unterrühren. Den Teig ca. 30 Min. zugedeckt ruhen lassen.

2 Inzwischen das Pflaumenmus mit dem Pflau-
menlikör verrühren. Die Sahne steif schlagen. Puderzucker und Schmand glatt rühren und löffel-
weise unter die geschlagenen Sahne rühren. Zimt
und Zucker in einem Schälchen vermischen.

3 Etwas Fett in einer beschichteten Pfanne erhitzen. Den Teig durchrühren, eine kleine Kelle Teig
hineingeben und durch leichtes Drehen der Pfanne
gleichmäßig verteilen. Sobald die Unterseite leicht
gebräunt ist und sich vom Boden löst, den Pfannkuchen wenden und auf der zweiten Seite fertig
backen. Mit dem restlichen Teig genauso verfahren. Gebackene Pfannkuchen auf einer Platte sta-
peln und im Backofen bei 80° warm halten.

4 Die Pfannkuchen auf Teller verteilen, die
Schmandsahne und das Pflaumenmus darauf anrichten. Mit dem Zimtzucker bestreuen.

NUSSPFANNKUCHEN MIT BIRNEN

50 g gemahlene Haselnüsse | 100 g Mehl | Salz | 250 ml Milch | 3 Eier | 50 g Rohrzucker | ½ Zimtstange | 1 Päckchen Vanillezucker | 4 reife Birnen | 100 g Zartbitterschokolade | 100 g Sahne | Fett zum Backen

Für kleine und große Naschkatzen

Für 4 Personen | 1 Std. 15 Min. Zubereitung
Pro Portion ca. 595 kcal, 14 g EW, 34 g F, 57 g KH

1 Gemahlene Haselnüsse in einer Pfanne ohne Fett anrösten und abkühlen lassen. Mit Mehl und 1 Prise Salz mischen und mit 200 ml Milch glatt rühren. Eier einzeln unterrühren. Teig ca. 30 Min. zugedeckt ruhen lassen.

2 Inzwischen 500 ml Wasser mit Rohrzucker, Zimtstange und Vanillezucker aufkochen und ca. 5 Min. köcheln lassen. Die Birnen waschen, schälen, vierteln und die Kerngehäuse entfernen. Die Birnenviertel in den Sud legen und bei schwacher Hitze ca. 5 Min. ziehen lassen.

3 Den Teig durchrühren. Etwas Fett in einer beschichteten Pfanne erhitzen. Eine kleine Kelle Teig hineingeben und durch Drehen der Pfanne gleichmäßig verteilen. Sobald sich der Pfannkuchen vom Boden löst, wenden und auf der zweiten Seite fertig backen. Mit dem restlichen Teig genauso verfahren. Gebackene Pfannkuchen im Backofen bei 80° warm halten.

4 Die Schokolade in Stücke brechen. Die übrige Milch mit der Sahne erwärmen und die Schokolade darin schmelzen. Die Birnen auf die Pfannkuchen verteilen und die Pfannkuchen zusammenklappen. Die Schokoladensauce extra dazu reichen.

PANCAKES MIT AHORNSIRUP UND BANANEN

50 g Butter | 300 g Mehl | ½ TL Salz | 3 TL Back-pulver | 2 EL Zucker | 1 Päckchen Vanillezucker | 350 g Buttermilch | 3 Eier | 4 Bananen | 2 EL Ahornsirup | Fett zum Backen | Puderzu-cker zum Bestäuben

Klassisches aus den USA

Für 6 Personen | 1 Std. Zubereitung
Pro Portion ca. 420 kcal, 12 g EW, 12 g F, 66 g KH

1 Die Butter zerlassen. Mehl mit Salz, Backpulver, Zucker und Vanillezucker mischen. Buttermilch hinzufügen und mit den Schneebesen des Hand-rührgeräts glatt rühren. Eier und Butter unterrüh-ren. Den Teig zugedeckt ca. 15 Min. ruhen lassen.

2 Etwas Fett in einer beschichteten Pfanne erhit-zen. Mit einem Löffel Teighäufchen hineingeben und rund (8–10 cm Ø) verstreichen. Pancakes bei mittlerer Hitze auf jeder Seite in 2–3 Min. gold-braun backen. Im Backofen bei 80° warm halten.

3 Die Bananen schälen und in ca. 1 cm dicke Scheiben schneiden. 6 Pancakes damit belegen, 1 EL Ahornsirup darüberträufeln. Jeweils 1 Pancake darauflegen, mit übrigem Ahornsirup beträufeln und mit Puderzucker bestäuben.

TIPP

Für Heidelbeer-Pancakes den Teig zubereiten und ruhen lassen wie oben beschrieben.
150 g Heidelbeeren verlesen, mit 1 TL Vanillezu-cker mischen und unter den Teig heben. Kleine Pancakes backen wie beschrieben und warm mit saurer Sahne und Ahornsirup servieren.

PANCAKES MIT ERDNUSS-ZIMT-CREME

50 g Butter | 100 g ungesalzene Erdnusskerne | 300 g Mehl | Salz | 3 TL Backpulver | 2 EL Zucker | 200 g Buttermilch | 150 ml Milch | 3 Eier | 100 g Frischkäse | ¼ TL Zimtpulver | 2 EL Ahornsirup | 1 TL Erdnussöl | 150 g Erdnusscreme (aus dem Glas) | Fett zum Backen

Süßes zum Frühstück

Für 12 Stück | 1 Std. Zubereitung
Pro Stück ca. 315 kcal, 11 g EW, 19 g F, 26 g KH

1 Die Butter zerlassen. 50 g Erdnüsse im Mixer fein mahlen, mit Mehl, 1 Prise Salz, Backpulver und Zucker mischen. Mit Buttermilch und Milch glatt rühren. Eier und zerlassene Butter unterrühren. Den Teig zugedeckt ca. 15 Min. ruhen lassen.

2 Den Frischkäse mit Zimt, Ahornsirup und Erdnussöl in einer Schüssel glatt rühren, die Erdnusscreme unterrühren. Die übrigen Erdnüsse grob hacken und unter die Creme heben.

3 Etwas Fett in einer beschichteten Pfanne erhitzen. Mit einem Löffel Teighäufchen hiningeben und rund (8–10 cm Ø) verstreichen. Pancakes bei mittlerer Hitze auf jeder Seite in 2–3 Min. goldbraun backen. Im Backofen bei 80° warm halten. Die Pancakes mit der Erdnuss-Zimt-Creme servieren.

TIPP

Pancakes lassen sich gut vorbereiten und einfrieren. Vor dem Genuss im Backofen bei 100° ca. 10 Min. auftauen und erwärmen. Währenddessen können Sie die feine Erdnuss-Zimt-Creme zubereiten. Ein schneller Genuss für Überraschungsgäste!

KIRSCHPFANNKUCHEN

150 g Mehl | ¼ TL Salz | 200 ml Milch | 4 Eier | 400 g Süßkirschen (ersatzweise Süßkirschen aus dem Glas) | 2 EL Zucker | 50 g Butter | Butterschmalz zum Backen | Puderzucker zum Bestäuben

Sommerlich leicht

Für 4 Personen | 45 Min. Zubereitung
Pro Portion ca. 435 kcal, 13 g EW, 20 g F, 50 g KH

1 Das Mehl mit dem Salz und der Milch glatt rühren. Die Eier trennen und die Eigelbe unter den Teig rühren. Zugedeckt ca. 30 Min. ruhen lassen.

2 Inzwischen die Kirschen waschen, entsteinen und mit 1 EL Zucker mischen. Die Eiweiße mit dem übrigen Zucker zu steifem Eischnee schlagen. Die Butter zerlassen und unter den Teig rühren. Den Eischnee locker unterheben.

3 Den Backofen auf 180° vorheizen. Etwas Butterschmalz in einer großen beschichteten ofenfesten Pfanne erhitzen. Den Teig hineingießen, glatt streichen und bei mittlerer Hitze ca. 5 Min. backen. Die Kirschen darauf verteilen. Pfannkuchen im Ofen (Mitte, Umluft 160°) 10–15 Min. fertig backen. Auf eine Platte gleiten lassen und in Stücke schneiden. Mit Puderzucker bestäubt warm servieren.

VARIANTE KIRSCH-CLAFOUTIS
1 kg gewaschene, entsteinte Süßkirschen mit 1 Päckchen Vanillezucker und 1 EL Zucker in einer gefetteten Auflaufform mischen. 4 Eier, 100 g Zucker und 1 Prise Salz verrühren, 300 ml Milch, 100 g Sahne und 150 g Mehl unterrühren. Teig über die Kirschen gießen, im 200° heißen Ofen (Mitte) 30–35 Min. backen. Mit Puderzucker bestäubt servieren.

APFELPFANNKUCHEN

150 g Dinkelmehl (Type 630) | Salz |
150 ml Milch | 4 Eier | 4 mittelgroße Äpfel
(z. B. Elstar) | 2 EL Rohrzucker | 4 EL Butter zum
Backen | 2 TL Zimtzucker (siehe Tipp) | 1 EL Puderzucker

Für kleine und große Naschkatzen

Für 4 Personen | 45 Min. Zubereitung
Pro Portion ca. 445 kcal, 13 g EW, 17 g F, 60 g KH

1 Das Mehl mit 1 kräftigen Prise Salz mischen und
mit der Milch glatt rühren. 2 Eier trennen, Eigelbe
und 2 ganze Eier unter den Teig rühren. Den Teig
zugedeckt ca. 30 Min. ruhen lassen.

2 Inzwischen Äpfel waschen, schälen und vierteln, Kerngehäuse entfernen. Apfelviertel in dünne
Scheiben schneiden und mit dem Rohrzucker vermischen. Die Eiweiße zu steifem Schnee schlagen.

3 1 EL Butter in einer beschichteten Pfanne erhitzen. Ein Viertel der Apfelscheiben hineingeben und
bei mittlerer Hitze ca. 2 Min. dünsten. Eischnee unter den Pfannkuchenteig rühren. Ein Viertel des
Teiges über die Äpfel gießen. Den Pfannkuchen auf
beiden Seiten goldbraun backen. Auf die gleiche
Weise 3 weitere Apfelpfannkuchen backen. Vor
dem Servieren mit Zimtzucker bestreuen und mit
Puderzucker bestäuben.

TIPP

Für Zimtzucker auf Vorrat gebe ich ¼ Zimtstange und 100 g Zucker in den Mixer. Dann so
lange mixen, bis die Zimtstange fein gemahlen
ist und sich gut mit dem Zucker vermischt hat.
Den Zimtzucker in einem Glas mit Schraubverschluss aufbewahren.

TOPFENPALATSCHINKEN

Das sind Seelenstreichler für die ganze Familie: Die wunderbar zarten und fluffigen Topfenpalatschinken machen garantiert alle satt und glücklich.

Für den Teig:
30 g Butter
150 g Mehl | Milch
4 Eier| Salz
Für die Füllung:
1 Bio-Zitrone
2 Eier | Salz
50 g Zucker
50 g weiche Butter
50 g Puderzucker
1 Päckchen Vanillezucker
1 Päckchen Vanille-Saucenpulver (zum Kochen)
250 g Magerquark
100 g Sahne
Für den Guss:
2 Eier | 150 g Sahne
100 m Milch
2 EL Puderzucker
Außerdem:
Fett zum Backen
Butter für die Form
Puderzucker zum Bestäuben

Klassiker aus Österreich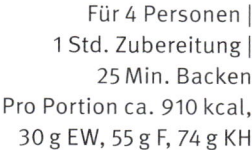

Für 4 Personen |
1 Std. Zubereitung |
25 Min. Backen
Pro Portion ca. 910 kcal,
30 g EW, 55 g F, 74 g KH

1 Für den Teig die Butter zerlassen. Das Mehl m t der Milch glatt rühren. Eier, 1 kräftige Prise Salz und die flüssige Butter unterrühren. Den Teig ca. 30 Min. ruhen lassen.

2 Inzwischen für die Füllung die Zitrone heiß waschen und abtrocknen, 1 TL Schale abreiben und den Saft auspressen. Eier trennen. Eiweiße mit 1 Prise Salz und Zucker dick-cremig schlagen. Butter mit Puderzucker, Vanillezucker und den Eigelben cremig verrühren. Zitronensaft und -schale, Vanille-Saucenpulver, Quark und Sahne unterrühren, Eischnee unterheben.

3 Den Teig durchrühren. Etwas Fett in einer beschichteten Pfanne erhitzen. Eine kleine Kelle Teig hineingeben und durch leichtes Drehen der Pfanne gleichmäßig verteilen. Auf diese Weise nacheinander 8 goldbraune Pfannkuchen backen.

4 Den Backofen auf 180° vorheizen. Eine große rechteckige Auflaufform mit Butter einfetten. Die Quarkfüllung auf den Pfannkuchen verteilen, die Pfannkuchen aufrollen und in die Form legen.

5 Für den Guss Eier, Sahne, Milch und Puderzucker glatt rühren. Über die Palatschinken gießen. Im heißen Ofen (Mitte, Umluft 160°) 20–25 Min. goldbraun backen, bis der Guss cremig gestockt ist. Kurz ruhen lassen, dann mit Puderzucker bestäuben.

TIPP

Wie wäre es mit Rumrosinen in der Füllung? Dafür 50 g Rosinen in 1 EL Rum zugedeckt ca. 30 Min. ziehen lassen. Oder 2 EL Mandelblättchen mit 1 TL Puderzucker mischen und nach ca. 10 Min. Backzeit über die Palatschinken streuen.

CRÊPES MIT SAUERKIRSCHRAGOUT

30 g Butter | 150 g Mehl | Salz | 150 ml Milch | 100 ml kohlensäurehaltiges Mineralwasser | 4 Eier | 400 g Sauerkirschen + 400 ml Kirsch- oder Johannisbeersaft (ersatzweise 1 Glas Sauerkirschen; 720 g Abtropfgewicht) | 1 EL Puderzucker | 30 g Speisestärke | 50 g Rohrzucker | 1 Päckchen Vanillezucker | 2 EL Cassis-Sirup (nach Belieben) | Fett zum Backen

Gelingt leicht 🌿

Für 4 Personen | 1 Std. Zubereitung
Pro Portion ca. 530 kcal, 13 g EW, 19 g F, 73 g KH

1 Die Butter zerlassen. Das Mehl mit 1 kräftigen Prise Salz mischen und mit der Milch und dem Mineralwasser glatt rühren. Die Eier und die flüssige Butter unterrühren. Den Teig zugedeckt ca. 30 Min. ruhen lassen.

2 Inzwischen die Kirschen waschen, halbieren und entsteinen. (Kirschen aus dem Glas in einem Sieb abtropfen lassen und den Saft (400 ml) auffangen.) Kirschen und Puderzucker mischen. 100 ml Saft mit Speisestärke glatt rühren. Übrigen Saft mit Zucker und Vanillezucker in einem Topf aufkochen lassen. Die Speisestärke einrühren und unter Rühren nochmals aufkochen. Kirschen untermischen und Cassis-Sirup unterrühren. Das Kirschragout bei Zimmertemperatur abkühlen lassen.

3 Den Teig durchrühren. Etwas Fett in einer beschichteten Pfanne erhitzen. Eine kleine Kelle Teig hineingeben und bei starker Hitze nacheinander 8 dünne Crêpes backen. Fertige Crêpes im Ofen bei 80° warm halten. Das Kirschragout erwärmen und auf den Crêpes verteilen, sofort servieren.

VANILLECRÊPES MIT SOMMERFRÜCHTEN

Mark von ½ Vanilleschote | 100 g Sahne | 150 g Mehl | Salz | 200 ml Milch | 3 Eier | 2 EL Zitronensaft | 3 Pfirsiche | 4 Nektarinen | 200 g Rote Johannisbeeren | 1 TL Vanillezucker | 150 g Zucker | Fett zum Backen | Minzeblättchen zum Garnieren

Sommerlich leicht

Für 4 Personen | 1 Std. Zubereitung
Pro Portion ca. 575 kcal, 14 g EW, 16 g F, 93 g KH

1 Das Vanillemark in der Sahne in einem Topf bei schwacher Hitze ca. 10 Min. ziehen, dann abkühlen lassen. Mehl mit 1 kräftigen Prise Salz, Milch und Vanillesahne glatt rühren. Die Eier unterrühren. Den Teig zugedeckt ca. 30 Min. ruhen lassen.

2 Inzwischen nach Belieben Pfirsiche und Nektarinen häuten. Dafür ca. 1 l Wasser mit Zitronensaft in einem großen Topf erhitzen. Die Früchte kurz hineinlegen, herausheben, kalt abschrecken und häuten. Nicht gehäutete Früchte waschen. Halbieren, entsteinen und vierteln. Die Johannisbeeren kalt abbrausen, mit einer Gabel abstreifen, trocken tupfen und mit dem Vanillezucker mischen.

3 Zucker in 200 ml Wasser in einem Topf bei mittlerer Hitze unter Rühren auflösen. Den heißen Sirup über das Steinobst gießen, die Johannisbeeren unterheben. Abkühlen lassen.

4 Den Teig durchrühren. Etwas Fett in einer beschichteten Pfanne erhitzen. Eine kleine Kelle Teig hineingeben und bei starker Hitze nacheinander 8 dünne Crêpes backen. Im Ofen bei 80° warm halten. Crêpes zu Dreiecken zusammenlegen, auf Teller verteilen und die Früchte darauf anrichten. Mit Minze garnieren und servieren.

CRESPELLE MIT ERDBEER-RHABARBER-KOMPOTT

30 g Butter | 150 g Mehl | Salz | 1 EL Zucker |
200 ml Milch | 3 Eier | 50 g Ricotta (italienischer
Frischkäse) | 1 TL abgeriebene Bio-Orangen-
schale | 300 g Rhabarber | 300 g Erdbeeren |
1 Zitrone | 150 ml roter Fruchtsaft (z. B. Kirsch-
saft) | 50 g Puderzucker | Fett zum Backen

Fruchtig-feiner Frühlingsgenuss 🌿

Für 4 Personen | 45 Min. Zubereitung
Pro Portion ca. 440 kcal, 13 g EW, 16 g F, 59 g KH

1 Die Butter zerlassen. Das Mehl mit 1 Prise Salz
und Zucker mischen und mit der Milch glatt rühren.
Die Eier trennen, die Eigelbe mit Ricotta, Orangenschale und zerlassener Butter unter den Teig rühren. Teig zugedeckt ca. 30 Min. ruhen lassen.

2 Inzwischen den Rhabarber putzen und die Fä-
den abziehen, die Stangen waschen und schräg in
ca. 2 cm lange Stücke schneiden. Die Erdbeeren
putzen, waschen und halbieren. Die Zitrone auspressen. Den roten Fruchtsaft mit Zitronensaft und
Puderzucker aufkochen. Den Rhabarber dazugeben und ca. 4 Min. köcheln lassen. Die Erdbeeren
hinzufügen und alles gut vermischen.

3 Die Eiweiße zu steifem Schnee schlagen. Den
Teig durchrühren und den Eischnee unterheben.
Etwas Fett in einer beschichteten Pfanne erhitzen.
Eine kleine Kelle Teig hineingeben, verteilen und
backen. Auf diese Weise nacheinander 8 goldbraune Pfannkuchen backen. Fertige Pfannkuchen
im Backofen bei 80° warm halten. Die Crespelle
mit dem Erdbeer-Rhabarber-Kompott servieren.

CRESPELLE MIT MANDEL-REISCREME

30 g Butter | 100 g Mehl | 50 g geschälte, gemahlene Mandeln | Salz | 1 TL Vanillezucker | 625 ml Milch | 4 Eier | 150 g Milchreis (Rundkornreis) | 30 g Zucker | 2–3 Tropfen Bittermandelöl | 2 EL helles Mandelmus (Bioladen) | 100 g Sahne | 2 EL Mandelstifte | Fett zum Backen | Butter für die Form

Italienisch inspiriert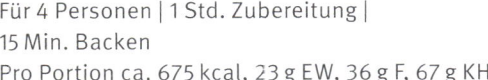

Für 4 Personen | 1 Std. Zubereitung | 15 Min. Backen
Pro Portion ca. 675 kcal, 23 g EW, 36 g F, 67 g KH

1 Die Butter zerlassen. Das Mehl mit den gemahlenen Mandeln, 1 Prise Salz und dem Vanillezucker in einer Schüssel mischen. Mit 225 ml Milch glatt rühren, dann 3 Eier einzeln unterrühren. Den Teig zugedeckt ca. 30 Min. ruhen lassen.

2 Inzwischen die übrige Milch mit 1 Prise Salz erhitzen, Milchreis einstreuen und kurz aufkochen lassen, dann bei schwacher Hitze ca. 30 Min. köcheln. Das übrige Ei trennen, das Eiweiß mit dem Zucker und dem Bittermandelöl steif schlagen. Eigelb und Mandelmus zum Reis geben und mit den Schneebesen des Handrührgeräts gut unterrühren.

3 Den Teig durchrühren. Etwas Fett in einer beschichteten Pfanne erhitzen. Eine kleine Kelle Teig hineingeben und so nacheinander 8 goldbraune Pfannkuchen backen. Backofen auf 200° vorheizen. Eischnee unter den Reis mischen. Eine Auflaufform mit Butter einfetten. Auf die Hälfte jedes Pfannkuchens Reiscreme geben, die Seiten etwas einschlagen, Pfannkuchen aufrollen und in die Form legen. Sahne darübergießen, mit Mandelstiften bestreuen und ca. 15 Min. überbacken.

KAISERSCHMARRN

So einfach, so schlicht und durchaus aristokratisch – ein Klassiker aus der österreichischen Mehlspeisenküche, der nicht nur satt, sondern auch glücklich macht.

125 g Mehl
Salz
2 EL Zucker
200 ml Milch
100 g Sahne
4 Eier
50 g Butter
30 g Rosinen
2 EL Rohrzucker
Puderzucker zum Bestäuben

Immer wieder genial 🌿

Für 4 Personen |
30 Min. Zubereitung
Pro Portion ca. 470 kcal,
13 g EW, 26 g F, 46 g KH

1 Das Mehl mit 1 Prise Salz, 1 EL Zucker, Milch und Sahne glatt rühren. Die Eier trennen, die Eigelbe unter den Teig rühren, die Eiweiße mit dem übrigen Zucker steif schlagen und unterheben.

2 Die Butter in einer großen oder zwei kleinen beschichteten Pfannen zerlassen. Den Teig hineingeben und die Rosinen darauf verteilen. Den Teig bei mittlerer Hitze 5–7 Min. backen, bis er gestockt und auf der Unterseite goldbraun gebacken ist.

3 Den Kaiserschmarrn auf einen großen Teller gleiten lassen, mithilfe eines zweiten Tellers wenden und wieder in die Pfanne gleiten lassen. Die zweite Seite backen, bis sie leicht gebräunt ist und sich gut vom Pfannenboden löst. Den Schmarrn mit zwei Gabeln in grobe Stücke zerteilen.

4 Den Rohrzucker in einer Pfanne schmelzen lassen. Den Kaiserschmarrn dazugeben und unter Rühren leicht karamellisieren. Mit Puderzucker bestäuben und sofort servieren.

TIPP Zum Kaiserschmarrn mache ich gerne ein feines Zwetschgenkompott. Dafür 500 g Zwetschgen kurz waschen, halbieren und entsteinen. 100 ml Wasser mit 100 g Rohrzucker, ½ Zimtstange und 2 Gewürznelken in einen Topf geben und aufkochen lassen. Unter Rühren kochen, bis sich der Zucker aufgelöst hat. 200 ml roten Fruchtsaft (z. B. Johannisbeer- oder Kirschsaft) dazugeben und bei starker Hitze ca. 5 Min. einkochen lassen. Die Zwetschgen dazugeben und bei mittlerer Hitze 5–7 Min. ziehen lassen, sie sollten noch fest sein. Wenn keine Kinder mitessen, rühre ich 2 EL Portwein unter.

DINKELPFANNKUCHEN

3 EL Leinsamen | 150 g Dinkelmehl (Type 603) |
Salz | 1 TL abgeriebene Bio-Orangenschale |
200 ml kohlensäurehaltiges Mineralwasser |
2 Eier | ¼ TL gemahlene Tonkabohne (ersatz-
weise 1 TL Vanillezucker) | Öl zum Backen

Superfood

Für 4 Personen | 30 Min. Zubereitung |
30 Min. Ruhen
Pro Portion ca. 205 kcal, 10 g EW, 7 g F, 26 g KH

1 Leinsamen ohne Fett kurz rösten, mit Mehl,
1 Prise Salz und Orangenschale mischen. Mineralwasser dazugeben, alles glatt rühren. Eier
und Tonkabohne unterrühren. Teig zugedeckt
ca. 30 Min. ruhen lassen. Den Teig durchrühren,
das Öl in einer Pfanne erhitzen. 8 Pfannkuchen
backen und im Backofen bei 80° warm halten.

DAZU

Granatapfelsauce: Den Saft von 2 Granatäpfeln
mit 150 ml Apfelsaft und 2 EL Rohrzucker aufkochen. 50 ml Apfelsaft mit 1 EL Speisestärke
glatt rühren, unterrühren, kurz einkochen.

DATTELPFANNKUCHEN

100 g getrocknete Datteln (entsteint) |
200 g Volkornweizenmehl | Salz | 250 ml Man-
deldrink | 1 EL Rohrzucker | ¼ TL Zimtpulver |
Öl zum Backen

Vegan und fruchtig 🌿

Für 4 Personen | 40 Min. Zubereitung |
30 Min. Ruhen
Pro Portion ca. 290 kcal, 7 g EW, 3 g F, 57 g KH

1 Datteln würfeln, mit 200 ml Wasser in einem
Topf ca. 10 Min. köcheln, kurz abkühlen lassen und
mit dem übrigen Wasser pürieren. Mehl mit 1 Prise
Salz und Mandeldrink glatt rühren. Dattelpüree,
Zucker und Zimt unterrühren. Den Teig zugedeckt
ca. 30 Min. ruhen lassen. Teig durchrühren. Öl in
einer Pfanne erhitzen. Nacheinander 8 Pfannkuchen backen. Im Backofen bei 80° warm halten.

DAZU

Seidentofu-Creme: 1 TL Bio-Zitronenschale mit
200 g Seidentofu und 2 EL Puderzucker cremig
rühren. 2 EL Kürbiskerne mit 1 EL Puderzucker
in einer Pfanne anrösten und unterheben.

BANANEN-KOKOS-PFANNKUCHEN

2 reife Bananen (ca. 300 g) | 1 EL Zitronensaft |
2 EL Ahornsirup | 100 g Mehl | Salz | 30 g Kokos-
raspel | 100 ml Kokosmilch | 100 ml kohlensäu-
rehaltiges Mineralwasser | Öl zum Backen

Veganer Genuss 🌿

Für 4 Personen | 30 Min. Zubereitung |
30 Min. Ruhen
Pro Portion ca. 265 kcal, 4 g EW, 10 g F, 38 g KH

1 Bananen schälen und mit Zitronensaft und
Ahornsirup fein pürieren. Mehl mit 1 Prise Salz und
Kokosraspeln mischen. Mit Kokosmilch und Bananen glatt rühren. Mineralwasser unterrühren. Teig
zugedeckt ca. 30 Min. ruhen lassen. Teig durchrühren, Öl in einer Pfanne erhitzen und 8 Pfannkuchen
backen. Im Backofen bei 80° warm halten.

DAZU

Mandel-Ananas: 1 EL Agavendicksaft mit
2 EL Zitronensaft unter Rühren erhitzen. 8 Ana-
nasscheiben damit marinieren. 30 g Mandelblättchen mit 1 EL Puderzucker ohne Fett anrösten. Abkühlen lassen, darüberstreuen.

SESAMPFANNKUCHEN

150 g Vollkornweizenmehl | Meersalz |
200 ml kohlensäurehaltiges Mineralwasser |
3 Eier | 4 EL Sesamsamen (ca. 40 g) | 2 TL Tahin
(Sesampaste) | Öl zum Backen

Vollwertig und fein 🌿

Für 4 Personen | 30 Min. Zubereitung |
30 Min. Ruhen
Pro Portion ca. 295 kcal, 12 g EW, 16 g F, 26 g KH

1 Mehl mit 1 Prise Meersalz und Mineralwasser
glatt rühren. Die Eier unterrühren. 2 EL Sesamsa-
men und Tahin untermischen. Den Teig zugedeckt
ca. 30 Min. ruhen lassen. Teig durchrühren. Öl in
einer Pfanne erhitzen, ½ TL Sesam hineinstreuen,
etwas Teig daraufgeben. So nacheinander 8 Pfannkuchen backen. Im Ofen bei 80° warm halten.

DAZU

Möhrenkonfitüre: 500 g Möhrenraspel mit
3 EL frisch gepresstem Orangensaft, 250 g Gelierzucker 2:1 sowie 250 ml Wasser in einem
Topf unter Rühren aufkochen. Ca. 12 Min. köcheln, dann abkühlen lassen.

HERZHAFTES ZUM SATTESSEN

Internationale Vielfalt ist hier Programm: Pfannkuchen und Co. mit raffinierten
Füllungen, z. B. Parmesanpfannkuchen mit Gemüse oder Kräuter-Frittata mit Paprika
und Feta. Oder lieber eine würzige Hackfleischfüllung oder eine deftige Tortilla?
Heute Blini mit raffiniertem Topping, morgen bretonische Galettes. Pfannkuchen sind
überall willkommen, sie machen herrlich satt und glücklich!

PFANNKUCHENTÄSCHCHEN MIT PILZEN

150 g Dinkelmehl (Type 603) | Salz | 200 ml kohlensäurehaltiges Mineralwasser | 4 Eier | 400 g frische Pilze (z. B. Kräuterseitlinge) | 1 Bund Frühlingszwiebeln | 3 EL Olivenöl | 1 TL Sojasauce | Pfeffer | frisch geriebene Muskatnuss | ½ Bund Schnittlauch | Öl zum Backen

Gelingt leicht 🌿

Für 4 Personen | 1 Std. Zubereitung
Pro Portion ca. 340 kcal, 17 g EW, 15 g F, 32 g KH

1 Das Dinkelmehl mit 1 Prise Salz und dem Mineralwasser glatt rühren. Die Eier unterrühren. Den Teig zugedeckt ca. 30 Min. ruhen lassen.

2 Inzwischen die Pilze putzen, mit Küchenpapier trocken abreiben und klein schneiden. Frühlingszwiebeln putzen, längs halbieren, waschen und mit dem zarten Grün in feine Streifen schneiden.

3 Das Olivenöl in einer Pfanne erhitzen. Die Pilze hineingeben und unter Rühren goldbraun braten. Die Sojasauce dazugeben und unterrühren. Die Frühlingszwiebeln hinzufügen und bei mittlerer Hitze kurz mitdünsten. Die Pilzmischung mit Salz, Pfeffer und Muskatnuss würzen. Warm halten, bis die Pfannkuchen gebacken sind. Den Schnittlauch waschen und trocken tupfen.

4 Den Teig durchrühren. Etwas Öl in einer beschichteten Pfanne erhitzen, eine kleine Kelle Teig hineingeben und so nacheinander 8 dünne goldbraune Pfannkuchen backen. Zugedeckt im Backofen bei 80° warm halten. Die Pilzmischung jeweils in die Mitte der Pfannkuchen geben, die Pfannkuchen über der Füllung zu Täschchen zusammennehmen und mit Schnittlauchhalmen zubinden.

PARMESANPFANNKUCHEN MIT GEMÜSE

150 g Dinkelmehl (Type 603) | Salz | 4 EL frisch geriebener Parmesan | 200 ml kohlensäurehaltiges Mineralwasser | 4 Eier | 250 g Möhren | 1 Kohlrabi | 2 Stangen Staudensellerie | 1 EL Zitronensaft | 3 EL Rapsöl | 1 TL Rohrzucker | Pfeffer | Öl zum Backen | Petersilie (nach Belieben)

Feine Käse-Gemüse-Kombi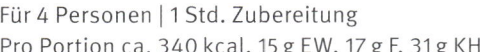

Für 4 Personen | 1 Std. Zubereitung
Pro Portion ca. 340 kcal, 15 g EW, 17 g F, 31 g KH

1 Das Mehl mit 1 Prise Salz und dem Parmesan mischen und mit dem Mineralwasser glatt rühren. Die Eier einzeln unterrühren. Den Teig zugedeckt ca. 30 Min. ruhen lassen.

2 Inzwischen die Möhren putzen, schälen und in 3–4 cm lange, streichholzdünne Stifte schneiden. Den Kohlrabi schälen und vierteln. Die Viertel in

Scheiben, danach in streichholzdünne Stifte schneiden. Den Staudensellerie waschen, entfädeln und quer in feine Scheiben schneiden.

3 50 ml Wasser mit Zitronensaft, Rapsöl, Rohrzucker und Salz in einem Topf aufkochen und ca. 1 Min. köcheln lassen. Möhren, Kohlrabi und Staudensellerie dazugeben und bei mittlerer Hitze ca. 6 Min. köcheln lassen. Gemüse mit Salz und Pfeffer abschmecken und warm halten.

4 Den Teig durchrühren. Etwas Öl in einer beschichteten Pfanne erhitzen. Eine kleine Kelle Teig hineingeben und so nacheinander 8 dünne goldbraune Pfannkuchen backen. Zugedeckt im Backofen bei 80° warm halten. Das Gemüse auf eine Pfannkuchenhälfte geben und die andere Hälfte darüberklappen. Die Pfannkuchen nach Belieben mit Petersilie bestreuen.

PFANNKUCHEN MIT HACKFLEISCHFÜLLUNG

Diese zarten Pfannkuchen mit der fein-würzigen Hackfleischfüllung könnten zum Lieblingsessen für die ganze Familie werden.

Für den Teig:
150 g Mehl | 100 ml Milch
100 ml kohlensäurehaltiges
Mineralwasser
Salz
4 Eier
Für die Füllung:
1 Bund Suppengemüse
2 Zwiebeln
1 Knoblauchzehe
2 rote Chilischoten
3 EL Öl
400 g gemischtes Hackfleisch
1 EL Tomatenmark
1 Dose stückige Tomaten
(420 g)
¼ TL getrockneter Oregano
Salz | Pfeffer
1 TL Worcestersauce
Außerdem:
50 g Bergkäse
20 g Butter
Öl zum Backen und für die
Form

Gut vorzubereiten

Für 4 Personen |
1 Std. 30 Zubereitung
Pro Portion ca. 725 kcal,
39 g EW, 47 g F, 37 g KH

1 Für den Teig das Mehl mit Milch, Mineralwasser und 1 kräftigen Prise Salz glatt rühren. Die Eier einzeln unterrühren und den Teig zugedeckt ca. 30 Min. ruhen lassen.

2 Inzwischen für die Füllung das Suppengemüse putzen, waschen und in winzige Würfel schneiden. Zwiebeln und Knoblauch schälen und klein würfeln. Chilischoten halbieren, entkernen, waschen und in Streifen schneiden. Das Öl in einer Pfanne erhitzen, Zwiebeln, Knoblauch und Gemüse darin anbraten. Chilistreifen und Hackfleisch dazugeben, Hackfleisch unter Rühren krümelig braten. Tomatenmark, stückige Tomaten und Oregano dazugeben und alles ca. 20 Min. köcheln lassen, bis die Flüssigkeit verdampft ist. Mit Salz, Pfeffer und Worcestersauce abschmecken.

3 Backofen auf 200° vorheizen. Teig durchrühren. Etwas Öl in einer beschichteten Pfanne erhitzen, eine kleine Kelle Teig hineingeben und so nacheinander 8 goldbraune Pfannkuchen backen.

4 Eine eckige Auflaufform einölen. Auf jeden Pfannkuchen 1–2 EL Hackfleischsauce geben. Pfannkuchen einrollen und in die Form legen. Den Bergkäse grob reiben, auf die Pfannkuchenrollen streuen und alles mit Butterflöckchen belegen. Im Ofen (Mitte, Umluft 180°) ca. 10 Min. überbacken.

TIPP

Für eine orientalisch gewürzte Hackfleischfüllung 200 ml Kokosmilch mit 1 TL roter Currypaste, 1 TL Ras el Hanout und ½ TL Zimtpulver mischen und aufkochen. 400 g Hackfleisch krümelig braten, Kokosmilch dazugeben und köcheln lassen, bis die Flüssigkeit verdampft ist. Mit Salz abschmecken.

GEMÜSE-TORTILLA

500 g festkochende Kartoffeln | 1 Zwiebel |
1 Knoblauchzehe | 2 mittelgroße Zucchini |
1 Fenchelknolle | 50 g Manchego (spanischer
Rohmilchkäse) | 5 Eier | 150 ml Milch | Salz |
Pfeffer | frisch geriebene Muskatnuss | 6 EL Oli-
venöl

Gruß aus Spanien

Für 4 Personen | 30 Min. Zubereitung |
20 Min. Backen
Pro Portion ca. 405 kcal, 16 g EW, 29 g F, 21 g KH

1 Die Kartoffeln waschen, schälen und mit dem
Gemüsehobel oder einem scharfen Messer in
dünne Scheiben hobeln. Mit Küchenpapier gründlich trocken tupfen. Zwiebel und Knoblauch schälen, die Zwiebel halbieren und in Streifen schneiden, den Knoblauch in feine Würfel schneiden.

2 Zucchini putzen, waschen und in dünne Scheiben schneiden. Fenchel putzen, waschen und auf
dem Gemüsehobel in dünne Scheiben hobeln. Den
Manchego fein reiben. Eier und Milch verrühren,
mit Salz, Pfeffer und Muskat würzen.

3 Den Backofen auf 180° vorheizen. Das Öl in einer großen ofenfesten Pfanne mit nicht zu hohem
Rand erhitzen. Kartoffelscheiben, Zwiebeln und
Knoblauch darin anbraten. Mit Salz und Pfeffer
würzen. Zucchini- und Fenchelscheiben dazugeben und alles bei mittlerer Hitze 3–4 Min. weiter-
dünsten. Kartoffeln und Gemüse gleichmäßig in
der Pfanne verteilen. Den Manchego unter die Eier-
milch rühren und die Mischung über das Gemüse
gießen. Die Tortilla im Ofen (Mitte, Umluft 160°)
ca. 20 Min. backen und stocken lassen. In Stücke
teilen und auf Teller verteilen.

TORTILLA MIT CHORIZO

500 g festkochende Kartoffeln | 1 dicke Stange
Lauch | 2 getrocknete Tomaten (in Öl) |
50 g grüne Oliven (ohne Stein) | 100 g Chorizo
(spanische Paprikawurst) | 1 Bund Petersilie |
50 g Manchego (spanischer Rohmilchkäse) |
5 Eier | 150 ml Milch | ½ TL Rosenpaprika | Salz |
Pfeffer | 5 EL Olivenöl

Pikant und sehr würzig

Für 4 Personen | 30 Min. Zubereitung |
20 Min. Backen
Pro Portion ca. 515 kcal, 21 g EW, 40 g F, 20 g KH

1 Die Kartoffeln waschen, schälen und mit dem
Gemüsehobel in dünne Scheiben hobeln. Mit Küchenpapier gut trocken tupfen. Den Lauch putzen,
längs halbieren, waschen und in dünne Streifen
schneiden. Die getrockneten Tomaten in kleine
Würfel, die Oliven in Scheiben schneiden.

2 Chorizo in Scheiben schneiden. Die Petersilie
waschen, trocken schütteln und fein hacken. Den
Manchego reiben. Die Eier mit Milch, Paprikapul-
ver, Salz und Pfeffer verrühren. Petersilie und Manchego unterrühren.

3 Den Backofen auf 180° vorheizen. Das Olivenöl
in einer ofenfesten Pfanne erhitzen. Kartoffelscheiben und Lauch hineingeben und bei starker Hitze
anbraten. Bei mittlerer Hitze 3–4 Min. weiterbra-
ten. Chorizo, Tomaten und Oliven unterrühren und
alle Zutaten gleichmäßig in der Pfanne verteilen.
Die Eiermischung darübergießen. Im Ofen (Mitte,
Umluft 160°) ca. 20 Min backen und stocken lassen. In Stücke schneiden und auf Teller verteilen.

BLINI MIT FRISCHKÄSECREME UND KAVIAR

150 g Buchweizenmehl | 100 g Mehl | 2 TL Trockenhefe | 1 TL Salz | 2 TL Zucker | 250 ml lauwarme Milch | 2 Eier | 250 g saure Sahne | 1 EL zerlassene Butter | 100 g Frischkäse | 1 TL Zitronensaft | 100 g Forellen- oder Lachskaviar | Öl zum Backen

Klassiker, den alle lieben

Für 16 Stück | 30 Min. Zubereitung | 45 Min. Ruhen
Pro Stück ca. 140 kcal, 6 g EW, 6 g F, 15 g KH

1 Beide Mehle mit der Trockenhefe, Salz und Zucker mischen und mit der Milch glatt rühren. Den Teig zugedeckt ca. 30 Min. gehen lassen.

2 Die Eier, 50 g saure Sahne und die zerlassene Butter unter den Teig rühren. Zugedeckt nochmals ca. 15 Min. ruhen lassen. Die übrige saure Sahne mit dem Frischkäse glatt rühren, mit 1 Prise Salz und dem Zitronensaft würzen.

3 Etwas Öl in einer beschichteten Pfanne erhitzen. Mit einem Löffel kleine Teighäufchen hineinsetzen und bei mittlerer Hitze auf jeder Seite in 1–2 Min. goldbraun backen. 16 Blini backen, fertige Blini in ein Tuch einschlagen und im Backofen bei 80° warm halten. Die Frischkäsecreme auf die Blini geben und Kaviar darauf verteilen.

TIPP

Zu den Blini schmeckt auch ein Rote-Bete-Salat. Dafür 1 Apfel waschen, schälen und mit 500 g vorgegarter Roter Bete auf der Gemüsereibe nicht zu fein reiben. 1 EL Johannisbeergelee mit 1 EL Aceto balsamico, 1 TL Meerrettich und 3 EL Öl verrühren. Sauce und Salat mischen, salzen und auf den Blini anrichten.

KARTOFFEL-BLINI MIT RÄUCHERLACHSCREME

100 g Buchweizenmehl | 80 g Mehl | 2 TL Trockenhefe | 1 TL Salz | 2 T_ Zucker | 250 ml lauwarme Milch | 2 gekochte Kartoffeln (vom Vortag) | 2 Eier | 2 EL saure Sahne | 1 EL zerlassene Butter | 100 g Räucherlachs | 1 EL Honigsenf | 1 EL Limettensaft | 100 g Crème fraîche | Öl zum Backen

Feines Abendessen

Für 16 Stück | 30 Min. Zubereitung |
45 Min. Ruhen
Pro Stück ca. 115 kcal, 4 g EW, 6 g F, 11 g KH

1 Beide Mehle mit Trockenhefe, Salz und Zucker mischen und mit der Milch verrühren. Den Teig zugedeckt ca. 30 Min. gehen lassen.

2 Die Kartoffeln pellen, durch die Presse drücken, mit Eiern, saurer Sahne und Butter zum Teig geben und alles gut verrühren. Den Teig zugedeckt nochmals ca. 15 Min. ruhen lassen.

3 Inzwischen Lachs würfeln, mit Senf, Limettensaft und Crème fraîche im Mixer pürieren. Öl in einer beschichteten Pfanne erhitzen, Teighäufchen hineinsetzen und bei mittlerer Hitze auf jeder Seite in 1–2 Min. goldbraun backen. 16 Blini backen, fertige in ein Tuch einschlagen und im Backofen bei 80° warm halten. Die Creme darauf verteilen.

TIPP

Für einen Avocado-Krabben-Salat zu den Blini das Fruchtfleisch von 1 Avocado in Scheiben schneiden und mit 1 EL Zitronensaft mischen. 2 EL Weißweinessig mit 3 EL Olivenöl und 1 TL Agavendicksaft aufschlagen. 1 EL gehacktes Basilikum unterrühren. Avocado und Sauce mit 100 g gegarten Krabben mischen.

CRESPELLE MIT SPINATFÜLLUNG UND TOMATEN

Ein Klassiker aus der italienischen Küche serviert mit fruchtigem Tomatenragout – damit können Sie auch anspruchsvolle Gäste verwöhnen.

Für den Teig:
30 g Butter
150 g Weizenvollkornmehl
Salz | 100 ml Milch
100 ml kohlensäurehaltiges Mineralwasser
4 Eier
Öl zum Backen
Für die Füllung:
500 g frischer Spinat
1 Zwiebel
3 EL Olivenöl
150 g Mozzarella
80 g frisch geriebener Pecorino
Salz | Pfeffer
frisch geriebene Muskatnuss
Für die Tomaten:
2 EL Olivenöl
500 g Datteltomaten
2 TL Rohrzucker
je 1 Zweig Rosmarin und Thymian
Außerdem:
Olivenöl für die Form und zum Beträufeln

Köstliches aus dem Ofen 🌿

Für 4 Personen |
1 Std. 30 Min. Zubereitung
Pro Portion ca. 685 kcal,
27 g EW, 49 g F, 34 g KH

1 Für den Teig die Butter zerlassen. Mehl mit 1 Prise Salz, Milch und Mineralwasser glatt rühren. Zerlassene Butter dazugeben. Eier einzeln unterrühren. Teig zugedeckt ca. 30 Min. ruhen lassen.

2 Für die Füllung den Spinat putzen, gründlich waschen und in einem Topf ca. 1 Min. zusammenfallen lassen, in ein Sieb abgießen und gut abtropfen lassen. Danach fein hacken. Zwiebel schälen und klein würfeln. Das Olivenöl in einer Pfanne erhitzen und die Zwiebel darin andünsten. Spinat dazugeben und bei schwacher Hitze ca. 5 Min. ziehen lassen. Mozzarella klein würfeln. Spinat in einer Schüssel mit 40 g Pecorino und dem Mozzarella vermischen. Mit Salz, Pfeffer und Muskat würzen.

3 Den Backofen auf 200° vorheizen. Den Teig durchrühren. Etwas Öl in einer beschichteten Pfanne erhitzen. Eine kleine Kelle Teig hineingeben und so nacheinander 8 Pfannkuchen backen.

4 Eine Auflaufform mit Olivenöl einfetten. Die Spinatfüllung auf den Crespelle verteilen, Crespelle aufrollen und in die Form legen. Mit Olivenöl beträufeln, mit dem übrigem Pecorino bestreuen und im Ofen (Mitte, Umluft 180°) 15–20 Min. überbacken.

5 Inzwischen für die Tomaten das Olivenöl erhitzen. Tomaten waschen und darin andünsten, mit Rohrzucker bestreuen. Rosmarin und Thymian waschen, trocken schütteln und dazugeben. Tomaten bei schwacher Hitze ca. 5 Min. ziehen lassen. Kräuter entfernen und das Tomatenragout zu den Crespelle servieren.

KRÄUTER-FRITTATA MIT PAPRIKA UND FETA

5 Eier | Meersalz | 1 Bund Petersilie | 4 EL frisch geriebener Parmesan | 2 rote Paprikaschoten | 1 gelbe Paprikaschote | 150 g Feta (Schafskäse) | 3 EL Olivenöl | Salz | Pfeffer

Würzig-mediterran 🌿

Für 4 Personen | 30 Min. Zubereitung
Pro Portion ca. 315 kcal, 18 g EW, 23 g F, 7 g KH

1 Die Eier in einer Schüssel mit 1 Prise Meersalz gründlich verquirlen. Die Petersilie waschen und trocken schütteln, die Blätter abzupfen und fein hacken. Petersilie und Parmesan unter die Eier rühren. Die Paprikaschoten längs halbieren, putzen, waschen und in schmale Streifen schneiden. Den Feta grob zerbröseln.

2 Das Olivenöl in einer großen beschichteten Pfanne erhitzen. Die Paprikastreifen hineingeben und ca. 2 Min. dünsten, mit Salz und Pfeffer würzen. Die Eiermischung darübergießen und den Feta darauf verteilen. Die Frittata bei mittlerer Hitze zugedeckt 6–8 Min. stocken lassen. Auf eine Platte gleiten lassen, in Stücke schneiden und warm oder kalt servieren.

VARIANTE FRITTATA MIT TOMATEN
4 gehäutete Tomaten grob würfeln, in einer großen beschichteten Pfanne in 2 EL Olivenöl ca. 2 Min. dünsten, mit Salz und 1 Prise Zucker würzen. 5 Eier verquirlen, mit 1 EL geriebenem Parmesan und den gehackten Blättern von 1 Bund Basilikum vermischen, salzen und pfeffern, über die Tomaten gießen und bei mittlerer Hitze zugedeckt 6–8 Min. stocken lassen.

PFANNKUCHEN HAWAII

100 g Mehl | Salz | 100 ml Milch | 100 ml kohlen-
säurehaltiges Mineralwasser | 4 Eier | 4 Schei-
ben gekochter Schinken | 4 Scheiben Käse
(z. B. Emmentaler) | 8 Scheiben Ananas (aus
der Dose) | Fett zum Backen

Immer wieder wunderbar

Für 4 Personen | 45 Min. Zubereitung |
30 Min. Ruhen
Pro Portion ca. 450 kcal, 31 g EW, 19 g F, 38 g KH

1 Das Mehl mit 1 Prise Salz mischen und mit der
Milch sowie dem Mineralwasser glatt rühren. Die
Eier einzeln unterschlagen. Den Teig zugedeckt
ca. 30 Min. ruhen lassen.

2 Den Teig durchrühren. Etwas Fett in einer beschichteten Pfanne erhitzen, eine kleine Kelle Teig
hineingeben und so nacheinander 8 goldbraune

Pfannkuchen backen. Den Backofen auf 200° vorheizen und ein Backblech mit Backpapier belegen.

3 Schinkenscheiben und Käsescheiben quer halbieren. Auf eine Hälfte jedes Pfannkuchens 1 Schin-
kenscheibe, 1 Käsescheibe und 1 Ananasscheibe
legen. Die andere Hälfte darüberschlagen und die
Pfannkuchen auf das Blech legen. Das Backblech
in den Ofen schieben und die Pfannkuchen (Mitte,
Umluft 180°) 6–8 Min. überbacken, bis der Käse
geschmolzen ist. Noch heiß servieren.

TIPP
Für einen intensiveren Käsegeschmack rühre
ich nach dem Ruhen noch 30 g geriebenen
Hartkäse (z. B. Appenzeller oder Bergkäse) unter den Pfannkuchenteig.

ASIATISCHE PFANNKUCHENPÄCKCHEN

75 g Reismehl (Bioladen) | 75 g Mehl | Salz | gemahlene Kurkuma | 350 ml kohlensäurehaltiges Mineralwasser | 2 Eier | 2 TL Sesamöl | 250 g Hähnchenbrustfilet | ½ TL Speisestärke | 1 walnussgroßes Stück Ingwer | 4 Frühlingszwiebeln | 2 Stangen Staudensellerie | 2 EL Öl | 1 EL Sojasauce | Öl zum Backen

Asiatisch inspiriert

Für 4 Personen | 1 Std. 15 Min. Zubereitung
Pro Portion ca. 340 kcal, 22 g EW, 13 g F, 32 g KH

1 Beide Mehle mit je 1 kräftigen Prise Salz und Kurkuma mischen und mit dem Mineralwasser glatt rühren. Die Eier und 1 TL Sesamöl unterrühren. Den Teig zugedeckt ca. 30 Min. ruhen lassen.

2 Inzwischen das Hähnchenbrustfilet waschen, trocken tupfen, in 1 cm kleine Würfel schneiden und mit Speisestärke mischen. Ingwer schälen und sehr klein würfeln. Frühlingszwiebeln putzen, längs halbieren und mit dem hellen Grün in Streifen schneiden. Sellerie waschen, entfädeln und in dünne Scheiben schneiden.

3 Öl und übriges Sesamöl in einer Pfanne erhitzen. Ingwer und Hähnchen darin andünsten, Gemüse dazugeben und bei mittlerer Hitze 2–3 Min. unter Rühren braten. Mit Sojasauce würzen und warm halten. Teig durchrühren. Etwas Öl in einer beschichteten Pfanne erhitzen. Eine kleine Kelle Teig hineingeben und so nacheinander 8 goldgelbe Pfannkuchen backen. Die Füllung darauf verteilen. Die Seiten zur Mitte hin einschlagen, das Pfannkuchenpäckchen umdrehen und die Oberfläche kreuzweise einschneiden. Die entstandenen Ecken nach innen einschlagen. Fertige Pfannkuchenpäckchen im Backofen bei 80° warm halten.

ASIATISCHE GEMÜSEPFANNKÜCHLEIN

2 getrocknete Mu-Err-Pilze oder Tongku-Pilze |
6 Eier | 1 TL Speisestärke | 1 EL Sojasauce |
2 Frühlingszwiebeln | 2 Möhren | 1 kleine rote
Chilischote | 100 g Mungobohnensprossen
(frisch oder aus dem Glas) | 2 TL Sesamöl |
Salz | Chilipulver | 3 Stiele Koriandergrün
(ersatzweise Petersilie)   2 EL Öl zum Backen

Feines für zwischendurch 🌿

Für 4 Personen | 1 Std. Zubereitung
Pro Portion ca. 225 kcal, 12 g EW, 17 g F, 7 g KH

1 Die Pilze ca. 30 Min. in warmem Wasser einwei-
chen. 1 Ei aufschlagen und mit Stärke glatt rühren.
Die übrigen Eier in eine Schüssel aufschlagen,
Stärke-Ei-Mischung und Sojasauce unterrühren.

2 Die Frühlingszwiebeln putzen, längs halbieren,
waschen und mit dem Grün in dünne Streifen

schneiden. Möhren putzen, schälen und auf dem
Gemüsehobel grob raspeln. Chilischote halbieren,
entkernen, waschen und klein würfeln. Sprossen
abbrausen, mit dem Gemüse und Chili in eine
Schüssel geben, mit Sesamöl mischen. Pilze abtropfen lassen und klein schneiden.

3 Gemüse, Eier und Pilze gut mischen. Mit Salz
und Chilipulver abschmecken. Etwas Öl in einer
kleinen beschichteten Pfanne (ca. 20 cm) erhitzen.
Einen großen Löffel Gemüse-Eier-Mischung in die
Pfanne geben und bei mittlerer Hitze 1–2 Min. stocken lassen. So nacheinander 8 Gemüsepfann-
küchlein backen und im Ofen bei 80° warm halten.
Koriander waschen und trocken tupfen, die Blättchen abzupfen und auf die Pfannküchlein streuen.

GALETTES MIT SPIEGELEI UND KÄSE

Das ist ein Lieblingsrezept der Bretonen: deftig gefüllte Buchweizenpfannkuchen. Dazu gibt es in der Bretagne natürlich ein Glas Wein. Das schmeckt uns auch!

Für den Teig:
30 g Butter
100 g Buchweizenmehl
¼ TL Salz
200 ml Milch
2 EL Erdnussöl
3 Eier
Für die Füllung:
8 Eier
50 g geriebener Hartkäse
(z. B. Comté oder Gruyère)
Fett zum Backen

Klassiker

Für 4 Personen |
50 Min. Zubereitung |
2 Std. Ruhen
Pro Portion ca. 505 kcal,
27 g EW, 35 g F, 21 g KH

1 Für den Teig die Butter zerlassen. Das Mehl mit dem Salz in einer Schüssel mischen und mit 100 ml Wasser und der Milch glatt rühren. Erdnussöl und Eier unterrühren, Butter kräftig unterschlagen. Den Teig zugedeckt im Kühlschrank ca. 2 Std. ruhen lassen.

2 Den Teig durchrühren. Etwas Fett in einer beschichteten Pfanne erhitzen. Eine kleine Kelle Teig hineingeben und durch Schwenken der Pfanne gleichmäßig verteilen. 1 Galette backen.

3 Für die Füllung 1 Ei aufschlagen, in die Mitte der fertigen Galette gleiten und stocken lassen. Mit etwas Käse bestreuen. Die Galette von allen Seiten zur Mitte hin so zu einem viereckigen Päckchen zusammenlegen, dass das Spiegelei zu sehen ist.

4 Die gefüllte Galette auf ein leicht gefettetes Backblech legen und im Backofen bei 80° warm halten. Alle 8 Galettes auf diese Weise backen, füllen und zu Päckchen zusammenlegen.

VARIANTE GALETTES MIT FENCHEL UND THYMIAN
Den Teig wie oben beschrieben zubereiten und ruhen lassen. Galettes backen und warm halten. 2 Fenchelknollen halbieren, den Strunk herausschneiden, Fenchel waschen und auf der Gemüsereibe grob reiben. Mit 2 EL Zitronensaft vermischen. 2 EL Olivenöl in einer Pfanne erhitzen, Blättchen von 2 Zweigen Thymian, 1 kräftige Prise Meersalz und den Fenchel dazugeben, ca. 5 Min. dünsten. Fenchel auf die Galettes verteilen, mit 100 g klein gewürfeltem Roquefort bestreuen. Die Galettes zur Mitte hin zu einem Viereck zusammenlegen.

PFANNKUCHEN MIT GRÜNEM SPARGEL

150 g Mehl | Salz | 100 ml Milch | 100 ml kohlensäurehaltiges Mineralwasser | 3 Eier | 1 EL zerlassene Butter | 500 g grüner Spargel | 1 großes Bund Basilikum | 1 Knoblauchzehe | 50 g gehackte Mandeln | 4 EL Olivenöl | 50 g frisch geriebener Pecorino | 1 TL Zitronensaft | Meersalz | Öl zum Backen

Feines für Gäste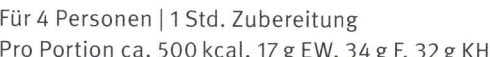

Für 4 Personen | 1 Std. Zubereitung
Pro Portion ca. 500 kcal, 17 g EW, 34 g F, 32 g KH

1 Mehl mit 1 Prise Salz mischen, mit Milch und Mineralwasser glatt rühren. Eier und Butter unterrühren. Teig zugedeckt ca. 30 Min. ruhen lassen.

2 Spargel waschen, die Enden abschneiden und das untere Drittel schälen. Wasser zum Kochen bringen und den Spargel darin ca. 5 Min. garen.

Herausnehmen und kalt abschrecken. Basilikum waschen und trocken schütteln, Blätter abzupfen und grob hacken. Knoblauch schälen und fein hacken. Basilikum und Knoblauch mit den Mandeln und 2 EL Olivenöl in einen Rührbecher geben und mit dem Pürierstab kurz pürieren. Pecorino und Zitronensaft unterrühren. Mit Meersalz würzen.

3 Den Teig durchrühren. Etwas Öl in einer beschichteten Pfanne erhitzen, eine kleine Kelle Teig hineingeben und so nacheinander 8 Pfannkuchen backen. Im Backofen bei 80° warm halten.

4 Das übrige Olivenöl in einer Pfanne erhitzen, Spargel hineingeben und kurz darin schwenken. Pfannkuchen mit Pesto bestreichen, Spargel darauf verteilen. Die Pfannkuchen schräg zu einer Tüte aufrollen, sodass der Spargel oben rausragt. Je 2 Stück auf Teller legen und servieren.

PFANNKUCHEN MIT SPITZKOHLGEMÜSE

150 g Mehl | Salz | Garam Masala (Gewürzmischung) | 250 ml kohlensäurehaltiges Mineralwasser | 3 Eier | 1 TL Erdnussöl | 1 kleiner Spitzkohl (ca. 500 g) | 1 Stange Lauch | 1 rote Paprikaschote | 1 rote Chilischote | 1 walnussgroßes Stück Ingwer | 3 EL Öl | 1 TL Rohrzucker | 1 EL Reisessig | Öl zum Backen

Ein Hauch Orient 🌿

Für 4 Personen | 1 Std. Zubereitung
Pro Portion ca. 330 kcal, 11 g EW, 15 g F, 36 g KH

1 Das Mehl mit 1 Prise Salz und ¼ TL Garam Masala mischen und mit Mineralwasser glatt rühren. Eier und Erdnussöl unterrühren. Den Teig zugedeckt ca. 30 Min. ruhen lassen.

2 Spitzkohl halbieren, Strunk herausschneiden, Hälften waschen und quer in ca. 3 mm feine Streifen schneiden. Lauch putzen, waschen, längs halbieren und mit dem hellen Grün in ca. 10 cm lange, schmale Streifen schneiden. Paprika und Chili halbieren, entkernen, waschen und klein würfeln. Ingwer schälen und fein hacken.

3 2 EL Öl in einer Pfanne erhitzen. Ingwer und Chili kurz darin anbraten, Spitzkohl dazugeben, Rohrzucker darüberstreuen. Mit Essig ablöschen und bei mittlerer Hitze ca. 3 Min. dünsten. Lauch und Paprika im übrigen Öl in einer Pfanne unter Rühren anbraten, zum Spitzkohl geben. Mit Garam Masala und Salz abschmecken.

4 Den Teig durchrühren. Eine beschichtete Pfanne erhitzen und dünn mit Öl ausstreichen. Eine kleine Kelle Teig hineingeben und so nacheinander 8 Pfannkuchen backen, im Backofen bei 80° warm halten. Mit dem Spitzkohlgemüse anrichten.

NACHTISCH

Erfreuen Sie Ihre Lieben mit Crêpes Suzette als Dessert und flambieren Sie diese Köstlichkeit direkt bei Tisch! Unschlagbar sind auch die Zitronencrêpes mit ihrer hauchzarten Hülle und der fruchtig-feinen Füllung. Kinder lieben Karamellpfannkuchen, sie sind schnell gemacht und schmecken einfach umwerfend!

CRÊPES SUZETTE

Der Klassiker aus Frankreich kommt nie aus der Mode und sorgt für kleine Glücksmomente, wenn Sie ihn als Krönung eines feinen Menüs servieren.

Für die Crêpes:
30 g Butter
80 g Mehl
Salz
1 TL Vanillezucker
200 ml Milch
2 Eier
2 Eigelb
1 TL abgeriebene Bio-Orangen-
schale
2 EL Butter zum Backen
Für den Sirup:
2 Bio-Orangen
10 Stück Würfelzucker
30 g Butter
2 EL Orangenlikör (z. B. Grand
Marnier oder Cointreau)

Unwiderstehlich gut 🌿

Für 4 Personen |
1 Std. Zubereitung |
2 Std. Ruhen
Pro Portion ca. 365 kcal,
8 g EW, 22 g F, 33 g KH

1 Für die Crêpes die Butter zerlassen. Das Mehl mit 1 Prise Salz, Vanillezucker und Milch glatt rühren. Eier, Eigelbe, flüssige Butter und Orangenschale unterrühren. Den Teig zugedeckt ca. 2 Std. im Kühlschrank ruhen lassen.

2 Für den Sirup die Orangen heiß waschen und abtrocknen. Den Würfelzucker an der Orangenschale reiben, bis die Zuckerstücke rundum gelb gefärbt und mit dem aromatischen Öl der Früchte durchzogen sind. Orangen halbieren und den Saft auspressen. Die Butter mit den Zuckerstücken in eine Pfanne geben (Bild 1), erhitzen und leicht karamellisieren lassen. Den Orangensaft und den Orangenlikör unterrühren und ca. 2 Min. köcheln lassen.

3 Den Teig durchrühren. Etwas Butter in der Crêpepfanne erhitzen, mit einer kleinen Kelle etwas Teig hineingeben, sofort mit dem Holzschieber hauchdünn in der Pfanne verteilen (Bild 2). Crêpe bei starker Hitze goldbraun backen, mit einem Holzpfannenwender wenden (Bild 3) und die zweite Seite backen. Auf diese Weise 8 Crêpes backen.

4 Die Crêpes zu Vierteln zusammenklappen und in zwei große Pfannen legen. Den Orangensirup darübergießen und bei mittlerer Hitze erhitzen. Die Crêpes Suzette sehr heiß servieren.

VARIANTE

FLAMBIERTE CRÊPES SUZETTE
Für einen Show-Effekt können Sie die Crêpes Suzette bei Tisch flambieren. Dafür 3–4 EL Orangenlikör in einem kleinen Topf erhitzen, über die mit Orangensirup getränkten Crêpes gießen und mit einem Streichholz anzünden.

ZITRONENCRÊPES MIT BEEREN

Für besondere Anlässe und verwöhnte Gäste sind die sterneverdächtigen hauchzarten Crêpes mit feiner Zitronencremefüllung genau richtig.

Für den Teig:
40 g Mehl
Salz
200 ml Milch
30 g Rohrzucker
2 Eier
Für die Zitronencreme:
4 Blatt Gelatine
2 Eigelb
50 g Zucker
100 ml Weißwein
100 ml Zitronensaft
1 TL abgeriebene Schale von 1
Bio-Zitrone
4 EL Milch
200 g Sahne
Außerdem:
Butter zum Backen
150 g Beeren (z. B. Himbeeren
oder Brombeeren)
Puderzucker zum Bestäuben

 **Feines für Gäste**

Für 6 Personen |
1 Std. Zubereitung |
45 Min. Kühlen
Pro Portion ca. 280 kcal,
7 g EW, 16 g F, 25 g KH

1 Für den Teig das Mehl mit 1 Prise Salz, Milch und Rohrzucker glatt rühren. Die Eier einzeln unterrühren. Den Teig zugedeckt ca. 30 Min. ruhen lassen.

2 Inzwischen für die Zitronencreme die Gelatine in wenig Wasser einweichen. Eigelbe mit Zucker über dem heißen Wasserbad dickcremig rühren. Weißwein, Zitronensaft und -schale unterrühren. Die Milch erwärmen, die Gelatine abtropfen lassen und darin auflösen. Unter die Creme rühren. Die Creme zum Gelieren zugedeckt für ca. 45 Min. in den Kühlschrank stellen. Die Sahne steif schlagen und gegen Ende der Gelierzeit unter die Creme heben.

3 Den Teig durchrühren. Etwas Butter in der Crêpepfanne erhitzen, mit einer kleinen Kelle etwas Teig hineingeben und sofort mit dem Holzschieber hauchdünn in der Pfanne verteilen. Crêpe bei starker Hitze goldbraun backen, wenden und die zweite Seite backen. Auf diese Weise 6 dünne goldbraune Crêpes backen. Zugedeckt abkühlen lassen.

4 Die Zitronencreme auf den Crêpes verteilen, die Crêpes aufrollen und zugedeckt kühl stellen. Die Beeren verlesen, waschen und trocken tupfen. Die Crêpes schräg in je 3 Stücke schneiden. Mit den Beeren anrichten und mit Puderzucker bestäuben.

VARIANTE ZITRONEN-WALDERDBEEREN-CRÊPES
200 g Walderdbeeren verlesen, falls nötig, abbrausen und trocken tupfen. Die Hälfte der Beeren mit der geschlagenen Sahne unter die gelierende Zitronencreme heben. Übrige Beeren mit den klein geschnittenen Zitronencrêpes anrichten und mit einem Klecks geschlagener Sahne servieren.

CAPPUCCINO-SCHOKO-CRÊPES

80 g Mehl | Salz | 2 TL Instant-Espressopulver |
30 g Zucker | 150 ml Milch | 2 Eier | 2 EL zerlas-
sene Butter | 100 g weiße Schokolade |
50 g Crème fraîche | 100 g Sahne | Butter zum
Backen | 2 kandierte Orangenscheiben | Puder-
zucker zum Bestäuben

Italienisch inspiriert 🌿

Für 4 Personen | 50 Min. Zubereitung
Pro Portion ca. 505 kcal, 9 g EW, 31 g F, 46 g KH

1 Mehl, 1 Prise Salz, Espressopulver und Zucker
mischen, mit der Milch glatt rühren. Eier und Butter
unterrühren. Teig zugedeckt ca. 30 Min. ruhen lassen. Schokolade in Stücke brechen. Crème fraîche
erwärmen, Schokolade darin schmelzen und abkühlen lassen. Sahne steif schlagen, die Schokocreme unterrühren. Zugedeckt kühl stellen.

2 Teig durchrühren. Eine beschichtete Pfanne erhitzen und dünn mit Butter ausstreichen. Etwas
Teig hineingeben. 8 dünne Crêpes backen, warm
halten. Crêpes mit Schokocreme und Orangen-
scheiben anrichten, mit Puderzucker bestäuben.

LEBKUCHEN-ORANGEN-CRÊPES

80 g Mehl | Salz | 1 TL Lebkuchengewürz |
30 g Zucker | 150 ml Milch | 2 Eier | 2 EL zerlas-
sene Butter | 4 Orangen | 1 EL Honig | 1–2 EL Pis-
tazienkerne | Butter zum Backen | Puderzucker
zum Bestäuben

Feines für die Weihnachtszeit 🌿

Für 4 Personen | 45 Min. Zubereitung
Pro Portion ca. 325 kcal, 9 g EW, 14 g F, 41 g KH

1 Mehl, 1 Prise Salz, Lebkuchengewürz und Zucker mischen und mit der Milch glatt rühren. Eier
und Butter unterrühren. Den Teig zugedeckt
ca. 30 Min. ruhen lassen. 3 Orangen dick schälen
und die Filets herauslösen. Übrige Orange auspressen, Saft mit Honig aufkochen und ca. 1 Min.
köcheln lassen. Über die Orangenfilets gießen.

2 Teig durchrühren. Eine beschichtete Pfanne erhitzen und dünn mit Butter ausstreichen. Eine
kleine Kelle Teig hineingeben und nacheinander
8 dünne Crêpes backen. Im Ofen bei 80° warm halten. Crêpes mit Orangensalat anrichten, mit Pistazien bestreuen und mit Puderzucker bestäuben.

KARAMELLPFANNKUCHEN

4 EL Rohrzucker | 200 g Sahne | 80 g Mehl |
Salz | 100 ml Milch | 2 Eier | 30 g Walnusskerne |
1 EL Puderzucker | Butter zum Backen

Unwiderstehlich süß

Für 4 Personen | 45 Min. Zubereitung
Pro Portion ca. 495 kcal, 9 g EW, 30 g F, 40 g KH

1 Zucker mit Sahne in einem Topf unter Rühren
aufkochen. 2–3 Min. rühren, bis ein heller Kara-
mellsirup entsteht. Abkühlen lassen. Das Mehl mit
1 Prise Salz, der Milch und der Hälfte des Karamell-
sirups glatt rühren. Die Eier einzeln unterrühren.
Den Teig zugedeckt ca. 30 Min. ruhen lassen. Inzwischen die Walnusskerne grob hacken, mit dem
Puderzucker mischen und in einer Pfanne leicht
anrösten. Abkühlen lassen.

2 Ein beschichtete Pfanne erhitzen und dünn mit
Butter ausstreichen. Eine kleine Kelle Teig hineingeben und so nacheinander 8 dünne Pfannkuchen
backen. Im Ofen bei 80° warm halten. Die Karamellpfannkuchen mit dem übrigen Sirup und den
gehackten Walnüssen anrichten.

PFANNKUCHEN MIT FEIGEN

80 g Mehl | Salz | 1 Päckchen Vanillezucker |
100 ml Milch | 2 Eier | 4 frische Feigen |
1 EL Rohrzucker | 2 EL Himbeersirup | 1 EL Man-
dellikör (nach Belieben) | Butter zum Backen

Fruchtig fein

Für 4 Personen | 45 Min. Zubereitung
Pro Portion ca. 200 kcal, 7 g EW, 6 g F, 30 g KH

1 Das Mehl mit 1 Prise Salz, Vanillezucker und
Milch glatt rühren. Die Eier einzeln unterrühren.
Den Teig zugedeckt ca. 30 Min. ruhen lassen. In-
zwischen den Backofen auf 180° vorheizen. Die
Feigen waschen, halbieren, in eine Auflaufform
setzen und mit dem Rohrzucker bestreuen. Den
Himbeersirup mit dem Mandellikör mischen. Die
Feigen damit beträufeln und im heißen Ofen
(Mitte, Umluft 160°) ca. 20 Min. backen.

2 Eine beschichtete Pfanne erhitzen und dünn mit
Butter ausstreichen. Eine kleine Kelle Teig hineingeben und so nacheinander 8 dünne Pfannkuchen
backen. Mit den gebackenen Feigen anrichten und
mit dem warmen Feigensud beträufeln.

SCHAUMOMELETT MIT ERDBEEREN

Die wunderbar fluffigen Schaumomeletts sind so zart, dass sie auf der Zunge zergehen.
In Verbindung mit aromatischen Erdbeeren einfach nicht zu toppen!

400 g Erdbeeren
1 EL Puderzucker
1 EL Himbeersirup
6 Eier
Salz
90 g Zucker
1 Päckchen Vanillezucker
40 g Mehl
4 EL Butter
Puderzucker zum Bestäuben
Minzeblättchen zum Garnieren

Zergeht auf der Zunge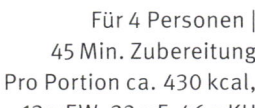

Für 4 Personen |
45 Min. Zubereitung
Pro Portion ca. 430 kcal,
12 g EW, 22 g F, 46 g KH

1 Die Erdbeeren verlesen, kurz abbrausen und trocken tupfen. In einer Schüssel mit Puderzucker und Himbeersirup mischen und zugedeckt beiseitestellen. Die Eier trennen und die Eiweiße mit 1 Prise Salz und 50 g Zucker steif schlagen.

2 Die Eigelbe mit dem übrigen Zucker und dem Vanillezucker schaumig rühren. Den Eischnee daraufgeben, das Mehl darübersieben und alles mit einem Teigspatel locker vermischen.

3 Den Backofen auf 50° vorheizen und 4 Teller hineinstellen. In einer beschichteten Pfanne 1 EL Butter zerlassen. Ein Viertel des Teiges hineingeben und die Oberfläche glatt streichen. Bei schwacher Hitze 3–4 Min. backen, dabei die Pfanne ab und zu etwas hin- und herbewegen, damit das Omelett sich gut vom Pfannenboden löst. 3 weitere Omeletts ebenso zubereiten.

4 Die Omeletts auf die vorgewärmten Teller gleiten lassen. Die Erdbeeren auf der einen Hälfte der Omeletts verteilen, die andere Hälfte locker darüberklappen. Mit Puderzucker bestäuben, mit Minzeblättchen garnieren und sofort servieren.

VARIANTE OMELETT-SOUFFLÉ
4 Eier trennen und die Eiweiße mit 75 g Zucker und 1 Päckchen Vanillezucker steif schlagen. Die Eigelbe vorsichtig unterheben. 1 TL Speisestärke darübersieben und unterheben. Die Schaummasse in eine gefettete Auflaufform füllen und im vorgeheizten Backofen bei 180° (Mitte, Umluft 160°) ca. 15 Min. backen, bis die Oberfläche leicht gebräunt ist. Mit Puderzucker bestäuben und sofort servieren.

PFANNKUCHENTÖRTCHEN MIT MOKKACREME

100 g Mokka- oder Zartbitterschokolade |
75 ml Espresso | 80 g Mehl | Salz | Backpulver |
200 ml Milch | 3 Eier | 1 EL Zucker | 150 g Sahne |
runder Ausstecher (ca. 8 cm ⌀) | Spritzbeutel
mit großer Lochtülle | Kakaopulver zum
Bestäuben

Raffiniert und gut vorzubereiten

Für 4 Personen | 45 Min. Zubereitung
Pro Portion ca. 425 kcal, 11 g EW, 26 g F, 37 g KH

1 Die Schokolade in Stücke brechen, den Es-
presso ggf. erwärmen und die Schokolade darin
schmelzen. Für ca. 20 Min. zugedeckt kühl stellen.

2 Inzwischen das Mehl mit 1 Prise Salz, 1 Prise
Backpulver und der Milch glatt rühren. Die Eier
trennen und die Eigelbe unterrühren. Die Eiweiße
mit dem Zucker zu steifem Schnee schlagen.

3 Den Backofen auf 180° vorheizen. Ein Backblech mit Backpapier belegen. Den Eischnee locker
unter den Teig heben, den Teig dünn auf das Backblech streichen und im Ofen (Mitte, Umluft 160°)
ca. 12 Min. backen. Herausnehmen und mit einem
runden Ausstecher 8 Kreise ausstechen.

4 Die Creme aus dem Kühlschrank nehmen. Die
Sahne steif schlagen und die Mokkacreme löffel-
weise unterrühren. In einen Spritzbeutel mit großer
Lochtülle füllen. Die Mokkacreme auf 4 Pfannkuchen spritzen, je 1 Pfannkuchen darauflegen und
ganz leicht andrücken. Mit Kakao bestäuben und
bis zum Genießen kühl stellen.

TIPP
Sie können die Törtchen zusätzlich noch mit
Schokoröllchen aus Zartbitter- oder Mokka-
schokolade garnieren.

GEEISTE MANDELCRÊPES MIT HIMBEERSAUCE

60 g Mehl | Salz | 1 TL Zucker | 150 ml Milch | 2 Eier | 1 EL zerlassene Butter | 40 g Mandelblättchen | 2 EL Puderzucker | 300 g TK-Himbeeren | 150 g Sahne | 50 g Mascarpone | Butter zum Backen | Minzeblättchen zum Garnieren | Puderzucker zum Bestäuben (nach Belieben)

Sommerlich fruchtig 🌿

45 Min. Zubereitung | 3 Std. Tiefkühlen
Pro Portion ca. 440 kcal, 11 g EW, 33 g F, 27 g KH

1 Das Mehl mit 1 Prise Salz, dem Zucker und der Milch glatt rühren. Die Eier einzeln dazugeben und unterrühren, die zerlassene Butter unterrühren. Den Teig zugedeckt ca. 30 Min. ruhen lassen. Inzwischen die Mandelblättchen mit 1 TL Puderzucker mischen. Die Himbeeren mit dem übrigen Puderzucker in einem Topf aufkochen, etwas abkühlen lassen und durch ein Sieb streichen.

2 Eine beschichtete Pfanne erhitzen und mit Butter ausstreichen. Eine kleine Kelle Teig hineingeben, ein Viertel der gezuckerten Mandelblättchen daraufstreuen und so nacheinander 4 dünne Crêpes backen. Abkühlen lassen.

3 Die Sahne steif schlagen, den Mascarpone und zwei Drittel der Himbeersauce vorsichtig unterrühren. Die Creme auf den Crêpes verteilen und glatt streichen, die Crêpes locker aufrollen und in eine tiefkühlfeste Form legen. Die Form zudecken und die Crêpes mind. 3 Std. tiefkühlen.

4 Die Crêpes ca. 15 Min. vor dem Servieren aus dem Tiefkühlgerät nehmen und in den Kühlschrank legen. Zum Servieren schräg in 2–3 cm dicke Scheiben schneiden. Mit der übrigen Himbeersauce und mit Minzeblättchen auf Tellern anrichten. Nach Belieben mit Puderzucker bestäuben.

REGISTER

Damit Sie Rezepte mit bestimmten Zutaten noch schneller finden, sind in diesem Register auch beliebte Zutaten wie Mandeln oder Zimt alphabetisch eingeordnet und hervorgehoben. Darunter finden Sie das Rezept Ihrer Wahl. Vegetarische Rezepte, die im Buch mit einem 🍃 gekennzeichnet sind, sind hier grün abgesetzt.

Projektleitung: Sabine Sälzer
Lektorat: Katharina Lisson
Korrektorat: Adelheid Schmidt-Thomé
Innen- und Umschlaggestaltung: independent Medien-Design, Horst Moser, München
Herstellung: Renate Hutt
Satz: Kösel, Krugzell
Reproduktion: medienprinzen GmbH, München
Druck und Bindung: Schreckhase, Spangenberg Printed in Germany
Syndication: www.seasons.agency

1. Auflage 2016
ISBN 978-3-8338-5333-3

 www.facebook.com/gu.verlag

Die Autorin

Christa Schmedes lebt mit ihrer Familie in München und arbeitet seit Jahren für namhafte Zeitschriften- und Buchverlage und ist auch eine gefragte Food-Stylistin. Für dieses Buch hat sie mit Wonne Teige angerührt, die Pfanne geschwenkt, Pfannkuchen gestapelt und gerollt.

Die Fotografin

Anke Schütz fotografiert für namhafte Redaktionen und Buchverlage in den Bereichen Food und Lifestyle. Zusammen mit **Diane Dittmer** (Foodstyling), setzt sie Kulinarisches mit viel Liebe zum Detail in Szene.

Bildnachweis

Titelfoto: Wolfgang Schardt, Hamburg alle anderen Fotos: Anke Schütz

Titelrezept

Kirschpfannkuchen (S. 16)

Umwelthinweis:

Dieses Buch ist auf PEFC-zertifiziertem Papier aus nachhaltiger Waldwirtschaft gedruckt.

Backofenhinweis:

Die Backzeiten können je nach Herd variieren. Die Temperaturangaben in unseren Rezepten beziehen sich auf das Backen im Elektroherd mit Ober- und Unterhitze und können bei Gasherden oder Backen mit Umluft abweichen. Details entnehmen Sie bitte Ihrer Gebrauchsanweisung.

Appetit auf mehr?

PARTYRÖLLCHEN FÜRS BÜFETT

Weil Pfannkuchen auch kalt so fein schmecken, lassen sie sich zu herzhaftem Fingerfood
verwandeln und erfreuen Ihre Brunch- oder Partygäste.

LACHSRÖLLCHEN

Für 12 Stück: 75 g Mehl, 1 Prise
Salz, 150 ml Milch, 2 Eier und
1 EL flüssige Butter zu einem
glatten Teig verrühren, 30 Min.
zugedeckt ruhen lassen. Dann
in einer beschichteten Pfanne
4 goldbraune Crêpes backen.
1 TL Honigsenf mit 150 g Crème
fraîche verrühren und auf die
Crêpes streichen. Dicht mit
150 g Räucherlachsscheiben
belegen und fest einrollen. In
Frischhaltefolie wickeln und in
den Kühlschrank legen. 12 Mini-
Mozzarellakugeln in 2 EL ge-
hackter Petersilie wälzen. Die
Crêpes auspacken und in
ca. 2 cm breite Streifen schneiden. Auf 12 Spieße je 2 Crêpe-
Lachs-Röllchen und 1 Kräuter-
Mozzarellakugel stecken.

KÄSE-DATTEL-RÖLLCHEN

Für 12 Stück: 75 g Mehl, 1 Prise
Salz, 150 ml kohlensäurehaltiges Mineralwasser, 1 EL geriebenen Parmesan, 2 Eier und
1 EL flüssige Butter zu einem
glatten Teig verrühren, 30 Min.
zugedeckt ruhen lassen.
100 g Gorgonzola zerdrücken,
mit 125 g Frischkäse und
2 EL Crème fraîche pürieren.
5 getrocknete Datteln würfeln.
2 EL gemahlene Mandeln und
die Datteln unter die Creme rühren. 4 goldbraune Pfannkuchen
backen und abkühlen lassen.
Pfannkuchen mit der Creme bestreichen, mit Kresse bestreuen
und aufrollen. In Frischhaltefolie
gewickelt für ca. 1 Std. kühl stellen, auspacken und in 2–3 cm
breite Röllchen schneiden.

GEMÜSERÖLLCHEN

Für 12 Stück: 3 Frühlingszwiebeln putzen, waschen und in
winzige Würfel schneiden.
150 g Zucchini putzen, waschen
und grob raspeln. 2 gekochte
Kartoffeln pellen, durch die
Presse drücken und mit
100 g Frischkäse, 1 EL Crème
fraîche und 1 TL Dijonsenf verrühren. Zucchini- und Frühlings-
zwiebelwürfel unterheben. Mit
Salz und Zitronenpfeffer würzen.
4 Pfannkuchen nach dem Rezept für Käse-Dattel-Röllchen
zubereiten und abkühlen lassen. Mit Rucola belegen und mit
der Gemüsecreme bestreichen.
Aufrollen und in Frischhaltefolie
gewickelt kühl stellen. Auspacken und in 2–3 cm breite Röllchen schneiden.